AF360974

Suitte des Residences Memorables

D'EVGENE FRANÇOIS
Duc de Savoye et Piemont ɤ. ɤ.

Septiéme Partie

Dans la quelle se trouve les Cascades, Fontaines, Bosquets ɤ. du grand Jardin
de S. A. S. Située dans un de fauxbourg de Vienne
Et mis en Execution par le Sr Anthoine Zinner, Sur les desseins du Sr   Girard
Se tout levé et designé par le Sr Salomon Kleiner ɤ.
et se trouvé à Augsbourg chez les Heritiers de Jeremie Wolff

MDCCXXXVI.

Avec Privilege de Sa Maj. Imperiale et Catholique.

Wunderwürdiges Kriegs - und Siegs - Jager

EUGENII FRANCISCI
Herzogen zu Savoyen und Piemont ɤ. ɤ.

Siebender Theil

Darinnen die Cascaden, Fontainen, Bosquets ɤ. in dem Großen Garten
Sr. Hochfürstl. Durchl. vor der Stadt Wienn vorgebildet werden.
welche nach denen Rißen Hrn.   Girards ɤ. von Hrn Antonio Zinern ɤ. angeleget worden,
und daselbst nach dem Leben gezeichnet durch Hrn Salomon Kleiner ɤ.
Augspurg in Verlegung Ieremias Wolffens seel. Erben.

MDCCXXXVII.

Cum Gratiâ et Privilegio Sacr. Cæs. Majest.

S. Kleiner Ing. Elect. Mag. del.   Ioh. Iacob Graesmann sculpsit I.

Vestibule, du cote du Jardin.   Offener Saal gegen den Garten.

Cum Pr. Sac. Cæs. Maj. Hæred. Ier. Wolsfg excud. A.V.

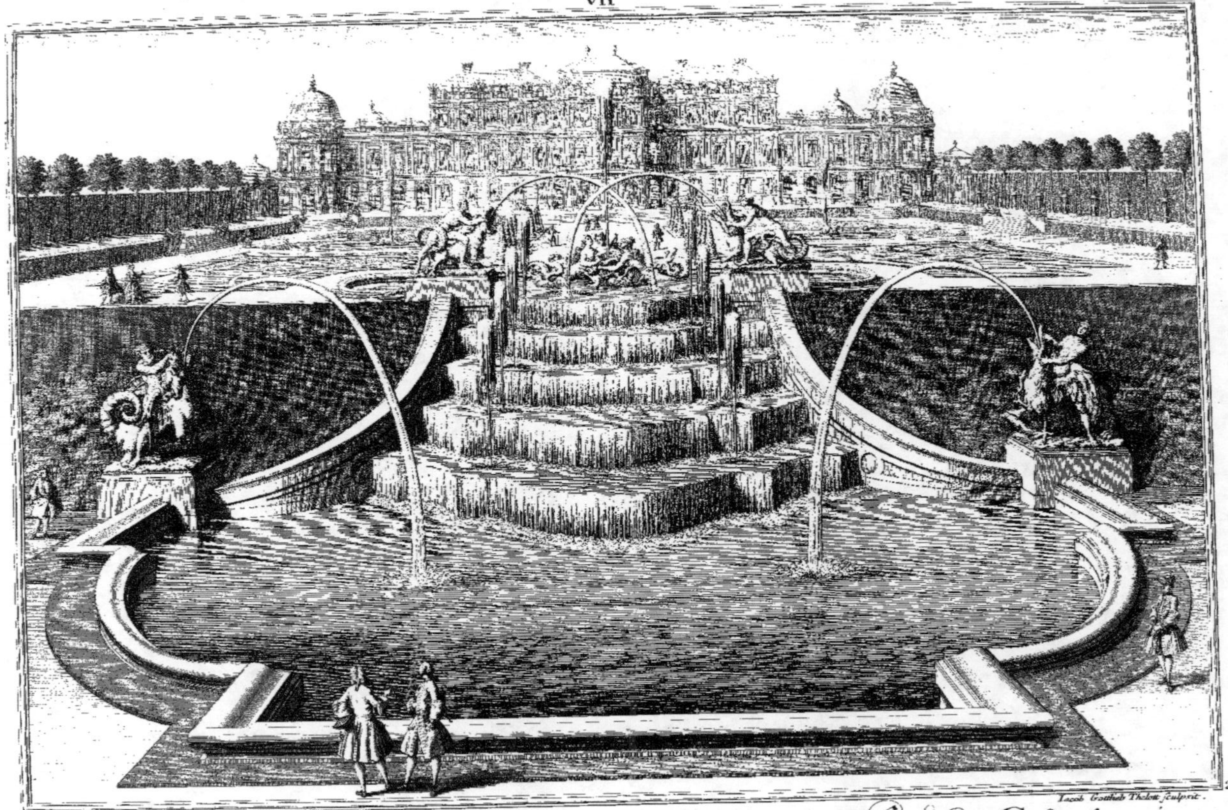

Veue de la grande Cascade, situeé vers le milieu du grand Jardin.

Proſpect der Haupt - Caſcaden, in der Mitte des Gartens.

Sal. Kleiner Ing. Elect. Mog. del.

Iacob. Gottlob Thelot ſculpſit.

Cum Pr. Sa. Cæs. Maj. Hæred. Ler Wolſſg excud. A.V.

Salomon Kleiner Ing. Elect. Maj. del.

Iacob Gottlieb Thelott Sculps it.

Veüe d'une autre Cascade, sitüe au bout de
la derniere Terrasse,

Prospect der untern Cascade.

Cum Priv. Sac. Cæs. Maj.

Hæred. Ier Wolffij excudit Aug. Vind.

3

Veüe des Escaliers par ou l'on descend de la susdite Terrasse au Jardin d'en bas, entre lesquels on a pratiqué des rum-
pes en compartiment pour y faire descendre des petits cha-
riols et les y faire remonter.

Prospect der Freÿ - Treppen, zwischen welchen
eine Auffahrt vor Wägen angebracht worden.

Cum Pr. Sac. Caes. May. Gierel In. Welfig excud. A.V.

Bosquets en quatre.

Prospect eines viereckfligten Bosquets.

S. Kleiner Ing. Elect. Mag. del.

Ioh. August Corvinus sculpsit

Cum Pr. Sac. Caes. May. Haered. Ier Wolffg. excud. A.V.

Fontaine de Pluton, et de Proserpine. Fontaine des Plutonis, und der Proserpinæ.

Cum Pr. Sac. Cæs. Maj. Haered. Ier Wolffij exc. A. V.

Salomon Kleiner Ing. Elect. Maj. del.　　　Jacob Gottlieb Thelott sculpsit.　7.

Fontaine de Neptune, et de Thetis.　　　Fontaine des Neptuni, und der Thetis.

Cum Pr. Sac. Cæs. Maj.　Hæred. Ier. Wolffij excud. A.V.

Bosquets en Ovale.

Prospect eines runden Bosquets.

Cum Pr. Sac. Cæs. May. Hercol. Et Wolffg. excud. A.V.

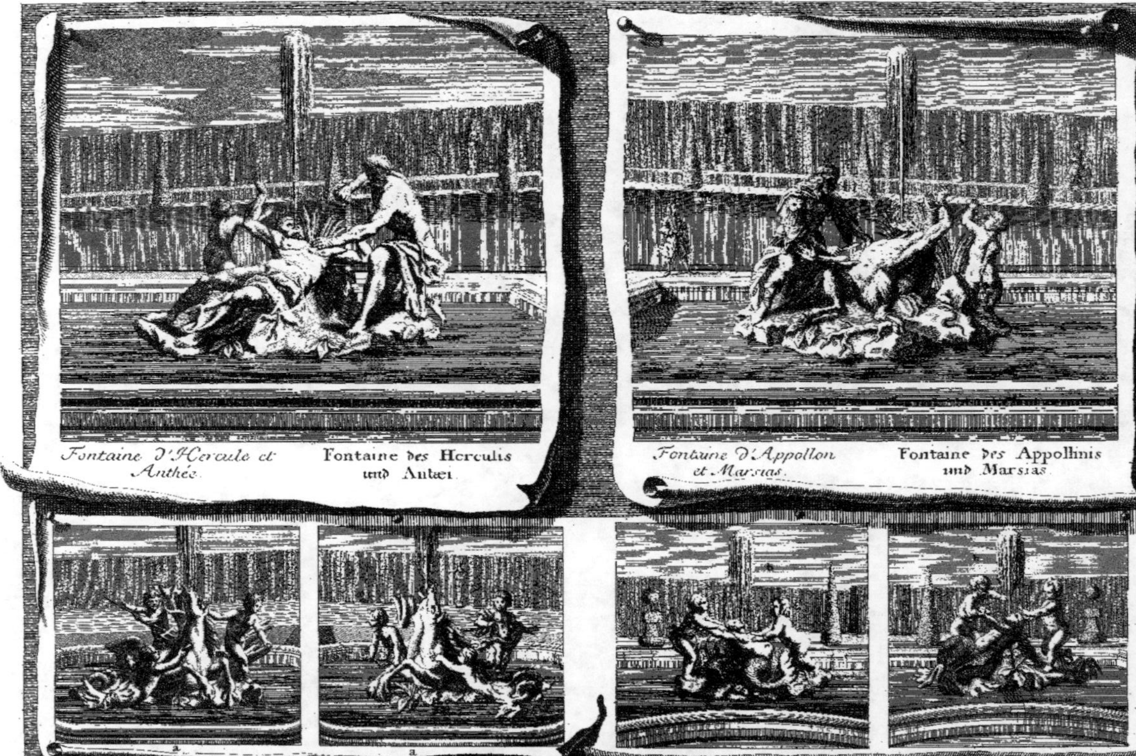

Representation de plusieurs Fontaines du grand Jardin.
a. a. Fontaines de Chevaux. b. b. Fontaines de Seraines.
Cum Priv. Sac. Cæs. Maj.

Vorstellung verschiedener Fontainen in dem grossen Garten.
a. a. Fontainen der Meer-Pferden. b. b. Fontainen mit Meer-Fräulin
Hæred. Io. Wolffij excud. Aug. Vind.

www.ingramcontent.com/pod-product-compliance
Lightning Source LLC
LaVergne TN
LVHW021912180726
843502LV00008B/3035